AF311477

À TRAVERS L'ORANIE

PAR

CHARLES LADET

Rédacteur en chef de la Dépêche Algérienne

(Mars 1894)

ALGER

IMPRIMERIE ORIENTALE PIERRE FONTANA & Cⁱᵉ, RUE D'ORLÉANS, 20

1894

A TRAVERS L'ORANIE

PAR

CHARLES LADET

Rédacteur en chef de la Dépêche Algérienne

(Mars 1894)

ALGER

IMPRIMERIE ORIENTALE PIERRE FONTANA & Cᵉ, RUE D'ORLÉANS, 29

1894

Envoyé par la "Dépêche Algérienne", j'ai, pendant un mois, parcouru en tous sens la province d'Oran. Le récit de mon voyage, noté au jour le jour, a paru dans la "Dépêche".

Des amis trop indulgents m'ont assuré que ces articles, un peu épars dans le journal, mériteraient d'être réunis. J'ai eu la faiblesse de céder à leur trop louangeux avis et c'est ainsi qu'est née cette brochure.

Certes, je n'ai pas la prétention d'avoir vu tout ce que notre belle province de l'Ouest renferme de remarquable. J'en ai cependant visité les diverses parties : l'Ouest et l'Est, le littoral et l'Extrême-Sud. De mes pérégrinations, il a donc pu se dégager une impression d'ensemble suffisante pour permettre de porter un jugement à peu près complet sur ces pays où l'œuvre de la colonisation, tant militaire que civile, a donné de si appréciables résultats.

C'est à ce point de vue que ma plaquette peut offrir quelque intérêt. Je souhaite que ceux qui la liront y puisent un peu d'estime pour ces Algériens qui, en un demi-siècle, ont si profondément modifié la physionomie de l'Afrique du Nord, qui ont su faire surgir une France nouvelle d'un sol où, parmi la friche et la brousse, il ne restait plus que les vestiges d'une civilisation à jamais frappée de décadence et de mort.

C. L.

A TRAVERS L'ORANIE

I

Oran, son rôle commercial. — Son développement et ses progrès. — Quelques revers de médaille. — Comment on s'y instruit et on s'y amuse. — Le port. — Les environs. — Chemins de fer.

On a, jadis, beaucoup *blagué* Alexandre Dumas, parce qu'au cours de son voyage en Italie, il *découvrit* Marseille et la Méditerranée. Si ridicule que la chose puisse paraître, je viens, à mon tour, grâce à la *Dépêche*, de *découvrir* l'Oranie. Et je vais y joindre cet autre ridicule de redire très sincèrement, très naïvement, les impressions que je rapporte de mon voyage.

Ainsi, pour commencer par Oran même, les habitants de la capitale de l'Algérie feront très bien de ne pas se désintéresser des progrès constants que réalise la deuxième ville de la colonie — celle qui, dès à présent, ambitionne le titre de *métropole commerciale* de l'Algérie.

Certes, Oran ne possède pas un boulevard de la République pouvant rivaliser avec celui d'Alger. Mais on n'y rencontre, en revanche, pas de ces radicaux-socialistes à tous crins, qui paraissent vouloir faire d'Alger leur ville, et dont l'unique ambition semble consister à tout empêcher sans rien produire eux-mêmes.

On est calme à Oran, on y est paisible, on n'y a pas honte de se montrer gouvernemental — sans être trop *gubernatorial* pour cela — et l'on y travaille beaucoup.

Oran ne saurait prétendre au renom de luxe et d'élégance qui fait le charme d'Alger. On peut même trouver que, par certains côtés, Oran oublie trop de se montrer grande ville. Mais il y règne une atmosphère saine et laborieuse et le *chic* y est remplacé par une bonhomie du meilleur aloi.

N'allez pas croire, au moins, que je succombe, moi aussi, à la manie de dénigrer mes concitoyens, en faisant l'éloge de tout ce qui n'est pas d'Alger. Certes non ; mais je crois très utile de faire entendre un avertissement à ceux qui s'imaginent que rien, autour d'eux, ne remue ni ne bouge et qu'on peut conserver le sceptre de la royauté, en se bornant à brasser de vastes projets, sans jamais en amener aucun à exécution.

Regardez parfois — ô Algérois mes amis — du côté de l'Ouest ; observez et profitez ; cela ne vous fera certes pas de mal.

Vous avez là une rivale qui met sa coquetterie à reconnaître votre supériorité et qui cependant travaille silencieusement à vous égaler — sinon à vous dépasser.

***

Il y a vingt-cinq ans, Oran était confinée dans le ravin d'où elle tire son nom. Sans beaucoup de bruit, elle a escaladé tous les coteaux avoisinants et elle y a si bien assis ses conquêtes qu'aujourd'hui on peut passer 48 heures dans la ville nouvelle, sans se douter que l'ancienne existe.

Celle-ci a bien conservé le monopole du grand commerce maritime. Mais l'autre, avec son boulevard Séguin, est devenue le rendez-vous de tout ce qu'Oran compte de *select*.

La parvenue, à vrai dire, laisse encore un peu percer le bout de l'oreille. Ainsi, au boulevard Séguin, on a pavé la chaussée en bois — dernier cri du progrès ! — mais jusqu'ici on a *oublié* de faire des trottoirs et c'est dans des flaques de boue permanentes que pataugent les flâneurs oranais.

Est-ce parce que ceux-ci, en somme, sont rares, parce que les rues sont plus fréquentées par des gens allant à leurs affaires que par des promeneurs, que la municipalité se préoccupe si peu de ces derniers ? Je ne veux pas scruter ce mystère, mais je suis forcé de constater que, sur trop de points encore, tout près même de la Place d'Armes, la ville offre ce caractère d'inachevé, de provisoire qui laisse deviner une fortune pas encore toute faite, ni surtout bien solide.

Il en résulte l'impression de quelque chose de décousu et de peu rationnel. Mais d'un autre côté, l'américanisme de cette cité, qu'on sent bouillonner dans un perpétuel devenir, finit par plaire et attacher.

Ce n'est pas la ville de gens qui s'endorment sur leurs lauriers. C'est, au contraire, la ruche d'une population d'abeilles qui, sans cesse, travaille à s'arrondir.

Avec cela, sérieuse, comme certainement à Alger, on ne l'est pas. Ainsi, les Oranais fréquentent assidûment les conférences : le monsieur en habit noir, cravaté de blanc, derrière un verre d'eau sucrée, ne les rebute pas, au contraire, puisqu'ils sont tout prêts à y aller de la poche.

Ainsi encore, ils ont fondé un tas de sociétés plus instructives les unes que les autres ; et ils ne se bornent pas à acquitter régulièrement leurs cotisations ; ils fréquentent assidûment ces locaux sévères et eux, qu'on traite volontiers de *mercantis*, se gorgent de connaissances aussi élevées que variées.

Non qu'ils affectent la pédanterie. Au contraire, la simplicité démocratique a toutes leurs préférences et ils trouvent qu'un franc éclat de rire n'est pas déplacé chez les gens livrés aux occupations les moins folâtres.

La gaîté ne perd donc pas ses droits chez les Oranais. Mais elle se dépouille, parmi eux, de cette exubérance, qui, ailleurs, la fait tourner si vite à la fatigante exagération.

Tenez : je suis arrivé à Oran le soir de la Mi-Carême. Il y avait eu dans la journée cavalcade avec accompagnement d'une bataille frénétique de confetti et de serpentins : le préfet, la préfète, le maire, la mairesse, tous les gros bonnets de la ville avaient donné le signal des réjouissances et mené infatigablement le branle. Hé bien, pas une plaisanterie déplacée n'avait brouillé l'aimable harmonie de cette fraternité dans le plaisir.

A dix heures du soir, les masques encombraient encore les rues. Devant le *Grand Café*, la lutte des confetti faisait rage. Pas un cri, cependant, pas un éclat de voix.

Un Parisien qui m'accompagnait, ne comprenant rien à tant de calme, finit par me dire :

— Ces gens-là doivent avoir fait la gageure de célébrer la Mi-Carême en silence !

Et cependant ils se sont amusés ferme : On en parle encore à Oran.

En revanche, voulez-vous savoir où la fièvre de l'activité retrouve son champ de triomphe ? Allez-vous en sur cette admirable promenade de l'Etang qui domine, à la fois, la vieille ville et le port, d'où le Murdjadjo avec Santa-Cruz apparaît dans toute sa sauvage grandeur et qui n'a pour horizon que les infinis bleus de la Méditerranée.

Regardez à vos pieds ; vous y verrez les éléments de la solide grandeur d'Oran.

Son port n'a pas, comme Alger, le bariolage multicolore des vapeurs en relâche. On n'y vient que lorsqu'on y a sérieusement affaire. Mais aussi quels entassements de céréales, d'alfa, de marchandises diverses et comme on y sent l'effort d'un peuple à qui la vie n'est pas facile et qui est obligé de la gagner réellement à la sueur de son front !

C'est que la capitale de l'Oranie n'est pas, comme Alger, à demi-enfouie dans un immense parc de verdure, d'aspect toujours riant. La nature s'y fait, au contraire, fruste et revêche. Les environs, c'est le point faible d'Oran et, quand on a une fois parcouru la belle route en corniche qui longe le golfe jusqu'à Mers-el-Kébir, c'est fini avec les promenades, à moins qu'on ne consente à avaler quinze kilomètres d'une aveuglante poussière, jusqu'à l'oasis de Misserghin.

Mais aussi, là où la friche a cédé devant la culture, comme la terre est travaillée avec un soin jaloux qui rappelle la *façon* de nos paysans de France !

J'essayerai d'ailleurs de faire vagabonder le lecteur à travers les campagnes de l'Oranie, comme je les ai courues moi-même. C'est là surtout qu'il y a beaucoup à apprendre. Simplement, je constaterai, pour commencer, que si l'œuvre de la colonisation y est très avancée, c'est qu'elle est vivifiée par la quantité de voies ferrées qui sillonnent la région.

Tandis que la province d'Alger manque presque totalement de moyens de communication rapides, en Oranie les chemins de fer abondent dès maintenant et les mouvements commerciaux vont, plus ou moins, tous aboutir vers Oran.

C'est par là, en tirant de la province tout ce que celle-ci peut exporter et en lui rendant tout ce dont elle peut avoir besoin, que le chef-lieu consolide son propre avenir et fonde sa richesse sur la prospérité générale.

Tel est un des grands secrets du développement rapide de la grande cité commerciale de l'Ouest.

II

En route. — Populations diverses. — L'Ouest Oranais. — Aïn - Témouchent, Nedroma, Tlemcen. — Promenade historique.—Français et Arabes.

Quand on veut, partant d'Oran, parcourir les principaux centres de la province, on a le choix entre six lignes de chemin de fer différentes, conduisant dans les directions les plus variées.

Voulez-vous, ami lecteur, que nous commencions par l'Extrême Occident ?

De ce côté, on arrive très vite à la frontière du Maroc. Mais pour y parvenir, qu'on prenne la ligne d'Aïn-Témouchent ou celle de Tlemcen, on traverse des régions qui frappent par leur excellente culture.

Ce n'est pas que celle-ci s'étende uniformément dans toutes les directions, comme, par exemple, dans la Mitidja. A chaque instant, au contraire, la brousse alterne avec les champs défrichés. Mais les oasis de culture sont extrêmement nombreuses et très vastes. Elles se signalent, d'ailleurs, par la variété des plantes qu'on y cultive.

Tout au contraire de la province d'Alger, où il semble que le vignoble soit spécialisé dans certaines régions et les céréales dans d'autres, ici, chaque propriétaire met le moins possible « ses œufs dans le même panier ». Encore les gens compétents reprochent-ils aux colons Oranais de ne pas varier assez. Et cependant, en comparaison de la province d'Alger, la diversification est déjà beaucoup plus considérable.

Blé, orge, vigne, avoine se succèdent sans relâche, prairies naturelles ou artificielles sont également assez nombreuses ; on rencontre beaucoup de plantations d'arbres fruitiers et d'oliviers. Et maintenant voici que les sociétés d'agriculture se mettent à recommander la plantation du tabac !

Quant à la population, il faut bien avouer qu'elle est fortement mélangée d'éléments espagnols. Peu nombreux sont les centres de l'Oranie où les Français pur sang sont en majorité. La plupart du temps ils sont comme écrasés entre les Espagnols d'un côté, les Israélites de l'autre. Dans certaines villes même, c'est l'élément indigène musulman qui a la prépondérance.

Aussi nulle part ne saisit-on aussi bien sur le fait les difficultés que présente la juxtaposition de tant de races diverses, non encore fondues.

Dans la province d'Alger, c'est l'indigène qui cause les plus graves préoccupations. Ici, les rapports entre Français et Indigènes sont beaucoup plus cordiaux. En revanche, les Européens étrangers, non naturalisés, sont assez nombreux pour constituer un véritable danger, et quant aux Israélites, ils ne ressemblent guère à ceux que nous connaissons.

Dans la province du centre ils sont éminemment gouvernementaux. Ici ils sont restés beaucoup plus indigènes, et trop souvent se montrent agressifs et anti-français.

Je le constate en toute impartialité et avec un certain regret : l'autorité militaire, dans la province de l'Ouest, a été obligée de prendre des mesures spéciales pour protéger les soldats isolés contre les insultes et même les attaques, à main armée, de certains Israélites.

Quant aux Espagnols, on est bien obligé d'en tenir grand compte, car il faut reconnaître que leurs qualités de travail et de sobriété ont contribué pour beaucoup au progrès de la colonisation et à la prospérité de toute la province.

* *

Ma première tournée a été pour la région d'Aïn-Témouchent. J'y ai précisément trouvé les caractères que j'indiquais plus haut. Des villages proprets, constitués en général de deux rangées de maisons, bordant une grande route, avec beaucoup d'arbres autour.

D'ailleurs, aucun cachet original ; rien que la banalité de gens trimant dur à travailler la terre et à lui arracher le produit — qui pour l'instant, hélas ! ici comme partout en Algérie — ne se vend guère et rémunère mal la peine du cultivateur.

Pour trouver l'étrangeté, il faut pousser jusqu'au delà de Lalla-Maghrnia, à Nedroma, qui offre la particularité d'une vraie ville indigène, avec seulement 85 Européens.

En revanche, les souvenirs de la conquête abondent ici. Je ne veux citer que Sidi-Ibrahim, doublement célèbre, et par l'héroïque défense de nos chasseurs à pied et par la reddition d'Abd-el-Kader.

Quant à Aïn-Témouchent, on ne peut, sans émotion, lire l'inscription qui rappelle la brillante résistance du capitaine Safranée, avec ce détail typique : « une charrue braquée sur l'ennemi figurait l'artillerie. »

Quelle histoire, celle de notre vieille armée d'Afrique !

Mais j'ai hâte d'abandonner toute cette colonisation un peu terre-à-terre, en dépit de tout l'intérêt qu'elle offre, pour courir à Tlemcen, l'antique capitale du Maghreb.

Je brûle Sidi-bel-Abbès, que je verrai au retour, et pousse droit jusqu'à la ville de Yarmoracen et de Tachfin.

Le chemin de fer, à mesure qu'on approche de Tlemcen, parcourt des contrées de plus en plus désertes. On y rencontre bien des centres en voie de création, tels que Boù-Khanéfis, Sidi-Lhassen, Sidi-Khaled, vivants témoignages de l'énergie de nos vaillants défricheurs, et même des villages en pleine prospérité, tels que Lamoricière ; mais ce sont, en quelque sorte, des oasis disséminées dans la brousse.

Aussi pousse-t-on un véritable cri de surprise et d'admiration, lorsqu'à un tournant de la voie, on se trouve brusquement en face de la cascade d'El-Ourit.

A partir de là, on entre dans ce vaste parc naturel, dont Tlemcen occupe le centre et où les oliviers séculaires ont pour rivaux les cerisiers aux fruits savoureux.

Par exemple, j'ai éprouvé une désillusion à Tlemcen. Des trésors artistiques y sont entassés et suffiraient à eux seuls à faire la fortune de la ville. Nulle part cependant, de toute l'Algérie, on n'a, aussi peu que là, songé à assurer aux touristes tout au moins ce minimum de confort qu'on est en droit d'exiger, même dans un village.

Mais cette première impression dissipée, je reconnais que Tlemcen tient tout ce que le curieux s'en promet d'avance.

Mon intention n'est pas ici de refaire le « parfait guide du voyageur ». Je laisse donc aux amoureux de sensations artistiques et de souvenirs historiques, le soin d'admirer par eux-mêmes, comme je l'ai fait, les merveilles d'El-Eubbad, où l'art arabe apparaît dans une pureté et une élégance qui n'a guère été surpassée qu'à l'Alcazar de Grenade ; ou de rêver devant les ruines du tombeau de Boabdil, dernier roi des Maures d'Espagne, mort là en exil ; ou de réfléchir devant les vestiges de Mansourah, la ville prodige, née de toutes pièces du caprice d'un vainqueur et abandonnée vingt ans plus tard, ensuite d'un autre caprice royal. Ils rapporteront de leurs promenades et de leurs excursions d'inoubliables souvenirs.

Je préfère dire un mot du caractère tout particulier qu'offre la population de Tlemcen.

Avec ses annexes, la ville ne comporte pas moins de 20,000 Arabes, contre 4,000 Israélites et seulement 3,000 Européens — dont tous (il s'en faut) ne sont certainement pas Français.

Or, on ne peut s'empêcher d'être frappé de la quasi fusion qui s'est opérée là, entre les jeunes indigènes et les jeunes Français. On sent que dans la vieille capitale règne un autre esprit que chez les Arabes de ce que j'appellerai la province. Le fanatisme n'y offre pas la même rigueur, la claustration des femmes n'est pas aussi absolue, l'instruction est plus répandue et les idées plus larges.

Si nous avions beaucoup de Tlemceniens en Algérie, le problème indigène se trouverait singulièrement facilité. Malheureusement, ils restent l'exception et ne prouvent qu'une chose : c'est qu'en politique, il n'y a pas de solutions absolues et qu'il faudrait se garder d'user, vis-à-vis des citadins de Tlemcen, des mesures de rigueur qui ne sont que trop justifiées vis-à-vis de nombre de tribus pillardes des campagnes.

III

Sidi-Bel-Abbès. — Une Colonie de grande culture. — Les Espagnols. — L'Ouest Oranais — Ses caractères et son avenir.

Décidément l'Oranie est la terre des contrastes. En quittant Oran, la ville de l'activité commerciale par excellence, je suis tombé à Tlemcen, qui, elle, ne vit que par l'art et les souvenirs. Et voici que je reviens à Sidi-Bel-Abbès, en plein centre de colonisation exubérante, vraie ruche d'abeilles en travail.

J'y retrouve bien les légendaires cigognes de Tlemcen ; mais au lieu de percher leurs nids sur des minarets en ruine, elles les établissent sur des maisons toutes neuves qui abritent une population active, joyeuse, un peu bruyante même, mais qui se recommande par l'admirable culture qu'elle a su développer à un certain nombre de kilomètres à la ronde.

On reproche même aux Bel-Abbésiens d'avoir trop étendu leurs défrichements, de ne s'être pas assez souvenus de l'adage, selon lequel « qui trop embrasse mal étreint ». Mais quand on dispose de terres magnifiques, qu'on se sent le cœur et le courage au travail, qu'on a l'ambition d'entreprendre et la fierté de réussir, comment résister à la tentation de joindre des hectares aux hectares et de faire grand ?

C'est à cette « fringale de la terre » que l'on attribue la crise qui sévit actuellement sur Bel-Abbès, avec plus d'intensité peut-être qu'ailleurs.

Mais la mévente des céréales et du vin ne peut durer toujours. Vienne une année meilleure et la population Bel-Abbésienne possède assez de ressort pour se relever de la gêne passagère qu'elle traverse et reprendra son *go ahead* vers le progrès.

C'est à Bel-Abbès qu'on peut voir à l'œuvre cette population espagnole qui est un des grands facteurs de la colonisation dans la province d'Oran.

Au premier abord, on se demande même si l'on se trouve dans une ville française. La garnison est formée par le premier régiment de cette vaillante Légion étrangère que nous retrouverons tant de fois, au fur et à mesure que nous avancerons vers le Sud, qui est un des meilleurs éléments de notre armée d'Afrique,

mais où l'origine de maint soldat se révèle dans la figure aussi bien que dans l'accent. Et quant à la population civile, elle ne comprend pas moins d'une dizaine de mille Espagnols, parmi lesquels les colons français disparaissent presque.

Il n'est pas étonnant qu'une pareille situation ait, à diverses reprises, préoccupé nos hommes d'Etat, car elle n'est certes pas limitée à Bel-Abbès.

Mais il faut bien reconnaitre que les Espagnols ont, au point de vue du défrichement, réalisé des prodiges dans toute cette région et que, sans eux, la colonisation ne pourrait pas s'enorgueillir des résultats qui font sa gloire. D'ailleurs l'immigrant espagnol s'assimile très aisément au nôtre et la seule circonstance qui lui maintienne un caractère un peu distinct, c'est le continuel afflux des nouveaux arrivants d'Espagne.

Si le fil de ces relations entre débarqués anciens et nouveaux pouvait être rompu, en peu d'années on s'apercevrait à peine de l'origine ibérique de la plupart de ces colons, devenus bons Français sur cette terre algérienne où ils trouvent le travail et l'aisance et qui en éprouvent une reconnaissance sincère.

* *

Je termine ici les notes, nécessairement brèves que j'ai pu consacrer à la partie occidentale de la province d'Oran.

Elle se distingue par le perfectionnement de ses cultures entreprises sur un sol d'une grande richesse, en même temps que par le luxe artistique des trésors dont des générations arabes bien supérieures à celles que nous connaissons, l'ont dotée.

Au point de vue ethnographique, on peut établir deux zones : l'extrême Ouest, où dominent les indigènes ; l'Ouest proprement dit, où les Espagnols ont la majorité.

Dans les villes, les Israélites constituent des agglomérations importantes.

Nulle part, hélas ! les Français proprement dits ne s'offrent à nous dans les proportions que nous voulons leur voir atteindre.

Heureusement, toutes ces populations sont très douces, très pacifiques, très laborieuses. Les passions politiques n'y présentent pas grande violence, il n'y a donc pas de conflits à craindre. Au contraire, on peut espérer une fusion progressive qui finira par donner naissance à une sorte de race mixte, très vigoureuse et très saine : celle-ci, d'après la loi naturelle en vertu de laquelle les peuples plus civilisés absorbent à la longue ceux qui le sont moins, deviendra certainement très française de cœur et d'esprit et constituera ainsi le boulevard dont nous avons besoin sur la frontière du Maroc.

IV

Le littoral. — La Compagnie Franco-Algérienne. — De Mostaganem à Arzew. — Mazagran. — Portus Magnus.

Ce sont de merveilleuses richesses naturelles qui se révèlent au voyageur, lorsqu'il parcourt les contrées avoisinant le littoral, depuis Oran, en s'arrêtant à Arzew et à Mostaganem, jusque vers Ténès.

Les plaines de l'Habra, de la Macta, de la Mina sont d'une fécondité admirable. Malheureusement ces dernières sont très insuffisamment colonisées ; d'immenses espaces de terre excellente attendent encore le coup de pioche qui les arrachera à la friche ; et là où l'on a tenté de créer des centres, comme à Aïn-Tédélès, on a si maladroitement déboisé qu'on a aidé à la formation de dunes mouvantes dont les sables envahissent progressivement tous les environs de Mostaganem.

On y est obligé aujourd'hui de cultiver la vigne d'une façon toute spéciale ; une rangée de ceps, une rangée de blé ou d'orge ; celle-ci formant abri pour la vigne contre le vent et le sable.

En revanche, la vallée de l'Habra, fécondée par les eaux du grand barrage situé un peu au-dessus de Perrégaux, offre l'aspect d'une culture très avancée, avec ses vastes plantations d'arbres, ses emblavures à perte de vue et ses gras pâturages.

Autour de Debrousseville, s'étend un domaine de plusieurs milliers d'hectares, qui a été mis en valeur par la Compagnie Franco-Algérienne. Il ne lui appartient plus. Mais il porte la trace évidente des efforts faits par cette Société pour lui donner le caractère d'une de ces exploitations modèles, comme on en rencontre dans les campagnes de France.

Je suis au courant des reproches que l'on peut adresser à la Franco-Algérienne. Je me vois cependant forcé de reconnaître combien cette Compagnie a fait pour le développement de la province d'Oran et de constater la part qu'elle a prise à la colonisation de cette partie de l'Algérie.

Je viens de mentionner le domaine de l'Habra. D'un autre côté, j'aurai à reparler de la Franco Algérienne, lorsque j'entraînerai mon complaisant lecteur vers la région des Hauts-Plateaux. C'est elle, en effet, qui a construit les deux principales lignes de pénétration vers le Sud, que possède la province d'Oran, partant toutes deux de la Méditerranée, et dont l'une s'avance de deux cents kilomètres vers le Sud, jusqu'à Tiaret, tandis que la seconde aboutit à Aïn-Sefra, à 450 kilomètres du littoral.

On ne ménage pas les critiques à ces lignes : les trains ne vont pas vite (24 kilomètres à l'heure), disent les uns, tandis que les autres leur reprochent de courir à toute vapeur sur des pentes et dans des courbes qui exigeraient beaucoup plus de prudence.

Tout cela n'est pas très sérieux. La vitesse

est suffisante pour les besoins d'une circulation nécessairement restreinte et, d'autre part, elle n'est pas excessive, eu égard à la configuration de la voie.

Celle-ci, évidemment, a été conçue selon la formule la plus économique. C'est la voie étroite de 1 m. 10 qui possède assez de souplesse pour se plier aux contours du terrain. Les ingénieurs en ont profité pour éviter les ouvrages d'art coûteux, tels que tunnels et viaducs à grande portée. Ils ont préféré accrocher la voie aux flancs des montagnes, contournant les massifs et suivant les sinuosités des vallées. C'est très pittoresque et cela répond très suffisamment aux besoins de la sécurité.

Où les critiques sont plus justifiées, c'est dans la question des tarifs. Je ne puis entrer dans le détail des réclamations que j'ai entendu formuler, mais il y aura, évidemment, à réformer beaucoup de ce côté-là, de façon à faciliter le trafic.

Un simple détail : les lignes des Hauts-Plateaux ne sont, pour ainsi dire, pas outillées du tout en vue du transport vers les ports d'embarquement, des moutons, lequel devrait cependant être une des raisons de leur existence.

Le transbordement entre les wagons à voie large du P.-L.-M. et ceux à voie étroite de la Franco Algérienne, s'effectue aussi dans des conditions défectueuses et onéreuses pour l'expéditeur. C'est une question technique qui est cependant déjà résolue en France.

Mais tous ces perfectionnements ne pourront

être sérieusement réalisés que lorsque l'unification des lignes algériennes sera acquise ; alors elles s'accompliront toutes seules.

Je n'ai pas à faire de réclame à l'Ouest-Algérien. Mais je reconnais que cette Compagnie possède une organisation très sérieuse, une direction très compétente et je suis sûr que si, un jour, elle devient maîtresse du réseau oranais, elle aura tôt fait d'y porter toutes les améliorations requises. La façon dont fonctionne l'exploitation sur les quelques tronçons qui, actuellement, constituent tout son domaine, m'en est le garant.

En résumé, le principal, pour l'Oranie, c'est qu'elle possède d'ores et déjà ses chemins de fer essentiels. S'il y a des réformes à apporter à leur exploitation, c'est l'affaire du temps.

*
* *

Arzew est un port ; Mostaganem est un futur port.

La grosse machine appelée le *Titan* y pose consciencieusement et sans relâche, les blocs de la grande jetée. La mer furieuse a, à diverses reprises, interrompu les travaux, mais toujours on les a repris et, à force de jeter des blocs dans la mer, on réussit à en mater progressivement la violence. Cependant Mostaganem restera toujours un port artificiel. D'ailleurs la ville elle-même n'est pas au bord de la mer. Elle est pittoresquement juchée au haut d'une montagne que coupe en deux un verdoyant ravin. A droite est la ville purement arabe, à gauche la ville européenne ; en bas, il n'y a qu'un faubourg, dit quartier de la Marine.

Tout cet ensemble est des plus agréables à l'œil. Mais au point de vue commercial, Mostaganem ne me paraît jamais devoir dépasser l'importance d'un port de troisième ordre.

Toute autre est la situation d'Arzew.

Mais avant d'en venir à cette ville, je voudrais dire un mot de l'admirable plaine qui, entre les coteaux et la mer, s'étend de Mostaganem à Arzew. Arrosée par des sources puissantes, abritée contre le siroco, elle est d'une fécondité merveilleuse et admirablement cultivée.

C'est au milieu de cette plaine que se dresse le mamelon surmonté de la colonne qui a été érigée en l'honneur des héroïques défenseurs de Mazagran.

Je ne saurais passer, sans saluer ces glorieux défenseurs du Drapeau.

Si Mostaganem se donne des airs de sous-préfecture, Arzew n'est qu'un gros bourg entouré d'une enceinte et qui ne vit que de son commerce.

En revanche, le port est admirablement abrité et, avec sa rade, pourrait recevoir plus de 200 navires. Ils n'y sont jamais. Cependant le mouvement maritime est assez important, grâce à l'alfa. Si, en effet, Beni-Saf, au nord de Tlemcen, est le port du minerai, on peut appeler Arzew le port de l'alfa.

C'est là que vient s'entasser l'immense récolte, produit des 300,000 hectares qui sont en exploitation sur les Hauts-Plateaux ; c'est là que des navires anglais viennent sans cesse chercher leur cargaison... car, hélas ! de toute cette masse d'alfa, pas un brin ne vient en France. Tout s'en va en Angleterre et nos fabricants de papier attendent que John Bull ait transformé l'alfa en pâte pour le lui racheter.

Arzew possède des ruines romaines d'une réelle importance. Quelques beaux échantillons de mosaïque ont été transportés au Musée d'Oran. Mais quelles trouvailles l'archéologue chercheur ne ferait-il pas dans les restes de cette ville immense qui offre cette particularité qu'elle eut, comme Alger, un boulevard construit sur voûtes, bordant la mer !

Mais où sont les élégants qui promenaient leur oisiveté sur le boulevard de la République de *Portus Magnus* ? Maintenant, c'est une tribu de Marocains immigrés qui construit ses misérables masures avec les dalles de marbre et d'onyx, arrachées aux temples antiques et le figuier de Barbarie recouvre d'inextricables buissons, les lieux où s'agita jadis toute une civilisation.

C'est sur cette réflexion que je m'arrêterai : que deviendra, à son tour, notre civilisation dont nous sommes si fiers et quel jugement porteront sur nous, d'après les vestiges qu'ils recueilleront, les archéologues d'un lointain avenir ?

Nous travaillons vite. Mais savons-nous faire

solide ? Et que laissera après lui notre siècle,
où le papier est roi ?

V

Sainte-Barbe-du-Tlélat et la Sebkha. — Saint-Denis-du-Sig et Saint-Cyprien-des-Attafs. — Perrégaux et Relizane.

La partie la plus uniformément cultivée et colonisée de la province d'Oran, est évidemment celle qui longe la ligne du P.-L.-M. ; tant il est vrai qu'invinciblement la colonisation suit les voies ferrées et que le jour où on voudra procéder rationnellement, on n'attendra pas, pour construire un chemin de fer, qu'une contrée soit devenue prospère, mais on fera le chemin de fer d'abord et on créera les villages le long de la ligne, à chaque gare.

Ce n'est pas que du wagon on n'aperçoive mainte terre cultivée « à l'arabe », c'est-à-dire où il y a plus de palmiers-nains, d'asphodèles et de lentisques que d'orge ou de blé ; mais, en somme, les cultures à l'européenne sont très rapprochées les unes des autres et donnent à la plaine l'apparence d'une campagne absolument civilisée.

Seulement, il faut être un peu éloigné d'Oran pour éprouver cette impression.

En sortant de la gare de Karguentah, c'est, en effet, dans une véritable lande que l'on pénètre, et cette sensation de désert ne fait que s'accentuer lorsqu'à la Sénia, on touche à la pointe Nord-Est du grand lac salé, dont l'existence même, après 64 années d'occupation française, est une honte pour notre colonisation.

On se demande comment il est possible qu'on n'ait jamais trouvé les quelques millions nécessaires pour faire l'avance des travaux de dessèchement de la Sebkha. On obtiendrait ainsi des milliers d'hectares d'une terre dont la fécondité est incontestable et la revente de ces terres suffirait, à elle seule, pour couvrir toute la dépense de l'opération.

En attendant, la contrée entière est rendue marécageuse, insalubre et infertile par l'infiltration des eaux salées et, à perte de vue, on ne voit s'étendre que la « plaine du Figuier », lande dénudée où le monument élevé ces temps derniers, au sortir de la gare de Valmy, fait assez piètre figure.

C'est seulement à partir de Ste-Barbe-du-Tlélat que la plaine commence à prendre l'aspect riant qui est l'indice d'une culture perfectionnée.

On voit alors se succéder des centres de colonisation tels que Saint-Denis-du-Sig, Saint-Cyprien-des-Attafs, à la création desquels est indissolublement lié le souvenir du Cardinal Lavigerie. Ce furent d'abord des orphelinats où le « grand marabout des Chrétiens » recueillit les petits survivants de la famine de 1867. Depuis, ce sont devenus des centres prospères, assainis par un fort boisement, auxquels les plantations d'arbres fruitiers constituent une verdoyante ceinture.

Tous ces villages ont été établis selon des

lignes polygonales qui nuisent un peu au pittoresque, mais favorisent singulièrement la bonne
hygiène. Toujours on y trouve des sources
abondantes et de vastes jardins publics, fort
bien entretenus, qui sont du meilleur effet et
contribuent à maintenir la santé publique.

On m'assure que tous les centres créés jadis
par le grand Cardinal, continuent à subir l'influence qui présida à leur fondation ; que la lutte
y est plus vive qu'ailleurs entre cléricaux et
anti-cléricaux. C'est vraiment regrettable, car
s'il est un pays où il faille ne pas oublier le
principe posé par Gambetta que « la guerre au
cléricalisme ne saurait être un article d'expor-
tation », c'est bien dans notre Algérie ; parmi
tant de sectes et de religions différentes, nous
n'avons réellement pas besoin — tout en con-
servant chacun sa parfaite indépendance de
croire ou de ne pas croire — d'afficher des
déchirements intimes qui ne peuvent que nuire
à notre prestige national.

Entre Saint-Denis, devenu célèbre par les
velléités anarchistes de quelques exaltés et
Saint-Cyprien, on rencontre le joli village de
Perrégaux où se trouve le croisement avec la
grande ligne de pénétration vers le Sud Oranais.

La prospérité de Perrégaux, en dehors de
l'importance de ses deux gares, est constituée
par le magnifique barrage situé à 12 kilomètres
en amont, à l'endroit où la réunion des trois
oueds, Hammam, Fergoug et Tezou, donne
naissance à l'Oued Habra.

Au moment où j'y ai passé, le bassin, d'une contenance de 14 millions de mètres cubes, était plein et les déversoirs commençaient à fonctionner. On n'était même pas sans inquiétude, car la solidité du barrage de l'Habra, en dépit des deux accidents successifs qui se sont produits au cours de sa construction, est toujours demeurée douteuse.

Quoi qu'il en soit, son efficacité au point de vue de l'irrigation des terres situées en aval, est admirable et c'est jusqu'à Arzew qu'on en ressent les effets bienfaisants.

Perrégaux ne diffère en rien des autres villages de la plaine que j'ai décrits.

Jusqu'à la limite du département d'Alger, la seule ville que l'on rencontre ayant son cachet propre, c'est Relizane.

Le marché aux chevaux de Relizane, qui se tient chaque jeudi, est réputé, et avec raison, dans toute la colonie.

La vallée de la Mina fournit des pâturages de premier ordre et l'élevage s'y fait sur une grande échelle.

C'est ce marché qui constitue l'élément principal de la prospérité de Relizane, où les magasins bien assortis abondent et où l'on sent le mouvement d'une vraie ville.

Ce n'est pas qu'elle ait une histoire : c'est bien un centre de colonisation qui s'est constitué peu à peu autour d'un bordj, maintenant abandonné, jadis élevé par le génie militaire. Mais les rues n'y sont pas aussi implacablement droites qu'ailleurs ; on y sent un peu de fantaisie individuelle ; et les cigognes, les légendaires cicognes, installées sur tous les toits, d'où elles font retentir les claquements sonores de leurs becs, appellent la prospérité et la fortune sur la localité dont elles ont fait un de leurs domiciles de prédilection.

De toute cette partie Nord de l'Oranie, on ne peut dire qu'une chose : c'est que, sauf aux environs de Mostaganem, elle manque totalement de caractère. C'est un pays appelé à un grand avenir agricole. Mais le touriste n'y trouve que peu d'impressions intéressantes à glaner.

VI

Le Barrage de l'Habra. — La plaine de L'Eghris. — Mascara. — Abd-el-Kader. — Politique militaire et politique civile. — Saïda. — La Voirie départementale.

Lorsqu'on quitte Perrégaux, se dirigeant vers le Sud, on ne peut manquer d'être saisi d'admiration devant le paysage merveilleux qui se déroule, après le grand barrage de l'Habra.

On dirait un de ces beaux lacs de la Suisse où, dans l'eau d'un bleu intense, se mirent les dentelures des hautes montagnes qui se découpent en golfes et en criques sans nombre.

Le barrage, d'ailleurs, fait sentir son effet jusqu'à plus de sept kilomètres en amont et le train longe, durant tout ce parcours, un véritable fleuve, dont, à mesure qu'on remonte, les eaux se font plus jaunes et plus boueuses.

C'est l'Oued-Hammam qui se fraye une voie

tortueuse à travers des gorges abruptes. Lorsqu'on a dépassé celles-ci, on débouche dans une vallée riante, mais peu colonisée encore, où les défauts de la culture se révèlent à chaque pas et où le sol, mal défriché, envahi de palmiers et de broussailles, a de la peine à fournir la récolte que les indigènes, indolents et paresseux, en attendent.

On y rencontre un seul village de quelque importance : Dublineau ; puis la voie continue à travers la même vallée un peu monotone dans sa fertilité jusqu'à la grande montée où, contournant le massif du Djebel-Tiffroura, elle s'élève jusqu'à la plaine de l'Eghris.

A Tizi, situé au milieu du vaste plateau d'Eghris, se détache l'embranchement qui grimpe jusqu'au haut du coteau que couronne Mascara.

La patrie des Mahieddine, d'où partit le jeune Abd-el-Kader, marabout presque ignoré encore, mais qui devait avoir de si hautes et de si singulières destinées, Mascara exerce un vif attrait sur l'imagination.

On éprouve une première déception lorsqu'on aperçoit de Tizi les quelques maisons blanches qui se perdent sur le fond crayeux de la montagne. On en a une seconde lorsqu'on arrive dans la petite sous-préfecture qui est une des villes les plus tristes d'Algérie.

Non que les distractions y fassent défaut ; Mascara se pique de posséder un théâtre et les officiers détachés dans le Sud ambitionnent tous le retour au siège de la brigade. Mais, sauf tortueuse à travers des gorges abruptes. Lorsqu'on a dépassé celles-ci, on débouche dans une vallée riante, mais peu colonisée encore, où les défauts de la culture se révèlent à chaque pas et où le sol, mal défriché, envahi de palmiers et de broussailles, a de la peine à fournir la récolte que les indigènes, indolents et paresseux, en attendent.

On y rencontre un seul village de quelque importance : Dublineau ; puis la voie continue à travers la même vallée un peu monotone dans sa fertilité jusqu'à la grande montée où, contournant le massif du Djebel-Tiffroura, elle s'élève jusqu'à la plaine de l'Eghris.

A Tizi, situé au milieu du vaste plateau d'Eghris, se détache l'embranchement qui grimpe jusqu'au haut du coteau que couronne Mascara.

La patrie des Mahieddine, d'où partit le jeune Abd-el-Kader, marabout presque ignoré encore, mais qui devait avoir de si hautes et de si singulières destinées, Mascara exerce un vif attrait sur l'imagination.

On éprouve une première déception lorsqu'on aperçoit de Tizi les quelques maisons blanches qui se perdent sur le fond crayeux de la montagne. On en a une seconde lorsqu'on arrive dans la petite sous-préfecture qui est une des villes les plus tristes d'Algérie.

Non que les distractions y fassent défaut ; Mascara se pique de posséder un théâtre et les officiers détachés dans le Sud ambitionnent tous le retour au siège de la brigade. Mais, sauf

Je crois, au contraire, qu'elle applique, à l'égard des Arabes, le seul système que ce peuple comprenne ; et que c'est pour nous en être départis en territoire civil que nous y obtenons de si médiocres résultats.

L'indigène ne comprend que la force. Vaincu, il s'incline et admet la dureté du vainqueur. Mais ce qui ne peut pas bien lui entrer dans l'esprit, c'est un vainqueur faible qui transige avec les vaincus. Aussitôt, pour lui, les rôles se renversent, il retrouve son insolence et n'a plus que mépris et dédain pour qui ne sait se faire respecter.

Nos fonctionnaires civils ont beaucoup de peine à se pénétrer de cette vérité. Ils font de la générosité hors de propos et réussissent simplement à se faire taxer de faiblesse. Tandis que les militaires, avec leur apparente raideur, n'obtiennent pas seulement l'obéissance des indigènes ; ils s'en font presque aimer.

** **

Mascara possède le vignoble le plus estimé de la province d'Oran et ses vins blancs rivalisent avec ceux de Médéa. C'est tout vin de coteaux, et les quinze cents hectares de vignes qui entourent la ville constituent dès maintenant une richesse sérieuse.

C'est à Mascara que l'on commence à s'apercevoir du changement de température, qui ira en fraîchissant, à mesure qu'on avancera vers le Sud.

Au delà de ces coteaux, c'est l'interminable plaine de l'Eghris que le train parcourt à travers des champs de blé à perte de vue. A partir de Franchetti seulement le paysage s'égaye.

Là, en effet, on redescend dans la vallée de l'Oued-Saïda et les coteaux boisés qui la bordent à l'Est et à l'Ouest, forment un heureux contraste avec la lande sans un arbre dont il semblait qu'on ne se dégagerait jamais.

Il commence à faire froid pour de bon à Saïda : le fait est qu'à quelques kilomètres au Sud, on aperçoit les hauteurs qui constituent le bourrelet Nord des Hauts-Plateaux.

On trouve là absolument le climat de France et durant l'hiver, la ville et la campagne restent souvent enterrées sous la neige, durant des semaines entières.

Je confesse la sensation particulière que j'ai éprouvée en arrivant à Saïda. N'est-ce pas la dernière ville, au propre sens du mot, le dernier avant-poste de la civilisation ?

Au delà d'Aïn-El-Hadjar, nous ne rencontrerons plus que des établissements militaires, dont je me ferai un devoir de vanter la hardiesse. Mais ce ne seront guère que des citadelles et des villages.

De ville, nous n'en verrons plus après Saïda.

Aussi, est-ce avec une agréable surprise que j'ai constaté le développement pris par la courageuse petite cité, plantée là, au débouché des Hauts-Plateaux, comme une véritable sentinelle.

L'ancien bordj, qui comprenait, en dehors des bâtiments militaires, seulement quelques maisons de colons, est depuis longtemps devenu trop étroit. D'un côté c'est la légion étrangère qui s'est bâti une caserne en dehors des murs. D'un autre côté ce sont les chasseurs d'Afrique qui ont accroché leur quartier au coin d'une belle colline. Vers le Nord, enfin, c'est toute une ville qui s'est créée, dix fois grande comme l'ancienne.

Il y a évidemment encore beaucoup à faire. Mais beaucoup déjà a été fait et Saïda offre l'aspect d'une cité commerçante d'un grand avenir.

Je me suis attaché à visiter les environs de Saïda qui offrent un intérêt particulier à cause de leur proximité de la région inculte des Hauts-Plateaux ; et partout j'ai été étonné du développement d'une culture très intelligemment conduite.

Les Hauts-Plateaux alimentent, par leurs filtrations, des sources abondantes, la terre est fertile et les colons en tirent un excellent parti. Je citerai comme modèle la ferme Solari, où un agronome distingué, M. Perret, obtient des vins qui ne sont pas loin d'égaler ceux de Mascara.

D'ailleurs tout le vignoble de Saïda (900 hectares) commence à être réputé et ce n'est que justice.

Mais ici je suis obligé d'ouvrir une parenthèse. Nul n'imagine les difficultés que j'ai éprouvées à parcourir la contrée. Non que j'aie été mal reçu quelque part : l'obstacle était de toute autre espèce ; il consistait dans l'état déplorable des routes que j'ai eu à parcourir.

L'observation ne se limite d'ailleurs pas à Saïda : elle est générale à toute la province.

C'est aux portes même d'Oran que j'ai éprouvé les premiers cahots inquiétants et avalé de ces nuages de poussière qui ne plaident pas en faveur d'une vicinalité. A Tlemcen, j'ai trouvé des chemins lamentables. A Mostaganem, j'en ai rencontré d'affreux. A Mascara et à Saïda, c'est la fondrière à l'état chronique.

Ah ! que je commence à comprendre les préoccupations de la préfecture d'Oran et du Conseil général à l'égard de la voirie départementale !

De fait, il faut aboutir. Il est inadmissible que des routes censément réparées et rechargées depuis trois mois, se trouvent être infréquentables, et c'est une vraie tare pour l'Oranie que les voies de communication, en dehors des chemins de fer, y soient dans un état aussi défectueux.

VII

Les Hauts-Plateaux. — De Saïda au Khreider. — Aïn-El-Hadjar. — La mer d'Alfa. — Kralfallah. — Les Chotts. — Du Khreider à Aïn-Sefra. — Méchéria. — La sécurité en territoire militaire. — Chemin de fer militaire et chemin de fer civil.

Au sortir de la gare de Saïda, le train longe d'abord la vieille Saïda, établissement ruiné d'Abd-el-Kader, puis grimpe en capricieux lacets, jusqu'aux Hauts-Plateaux. Deux locomotives ne sont pas de trop pour le remorquer à travers la grande boucle qui sépare Saïda d'Aïn-El-Hadjar.

Curieux, ce dernier village, situé à l'entrée même de la grande « mer d'alfa » et qui, par la disposition de ses petites maisons ouvrières, par la richesse des cultures qui l'environnent de toute part, rappelle certaines localités du département du Nord.

Aïn-El-Hadjar était, autrefois, le dépôt central où la Compagnie Franco-Algérienne accumulait sa récolte d'alfa et d'où elle la réexpédiait vers Arzew.

Aujourd'hui la Franco-Algérienne a reporté ses manutentions beaucoup plus au Sud et Aïn El-Hadjar est bien déchu de son ancienne prospérité.

Ce qui lui reste, c'est une ceinture de grandes fermes en pleine exploitation, qui tirent un excellent parti des coteaux fortement arrosés, constituant les pentes Nord des Hauts-Plateaux.

L'effet est d'autant plus remarquable qu'à peine a-t-on dépassé la dernière ferme, c'est le désert, dans sa plus saisissante aridité, qui, sans aucune transition, s'ouvre à perte de vue.

La plaine est énorme, toute nue, recouverte seulement d'une épaisse végétation de thym et de *diss*.

Les rafales d'un vent perpétuel — glacial en hiver, brûlant en été — balayent sans relâche cette immensité plate où pas un accident de terrain, pas un arbre ne brise l'effort de la tempête.

L'atmosphère elle-même se clarifie, l'air devient plus transparent, le ciel d'un bleu plus intense, les contours des objets s'accusent avec une netteté aiguë, presque douloureuse ; on distingue un mouton, un chien, à des distances incroyables et, dans les lointains de l'horizon, s'estompent les phénomènes d'optique si étranges qu'on désigne du nom de *mirage* ou de *fata morgana*.

Pour ma part, j'ai, à un moment donné, aperçu une ferme, entourée de jardins, flanquée de bouquets de bois et, bien que prévenu, j'ai eu besoin de plus d'une heure pour me convaincre que j'étais simplement le jouet des vapeurs ténues qui s'élèvent du sol en nuées bizarres et trompeuses.

C'est aux Hauts-Plateaux que commence le territoire militaire. Bien que la contrée soit totalement pacifiée, le souvenir de la sanglante insurrection de 1881 demeure vivant dans les esprits et, à chaque gare, on sent qu'on traverse le « pays de la guerre. »

Voici les premières touffes d'alfa qui paraissent, mélangées au thym et au *diss*. Nous approchons de Kralfallah, rendue célèbre par le massacre des alfatiers.

Pauvre petit village, Kralfallah, composé de quelques maisons d'alfatiers. La gare est entourée de hautes palissades ; c'est un réduit plutôt qu'un embarcadère.

Encore quelques kilomètres et nous voici à Modzbah Sfid, à l'endroit où l'ancienne ligne de la Franco-Algérienne obliquait vers l'Ouest, se dirigeant vers Marhoum, principal établissement de la Compagnie pour l'exploitation de l'alfa.

C'est à ce point que commence vraiment la région bizarre, dénommée « mer d'alfa ».

Sur le sol crayeux, sableux, se détachent une infinité de touffes épaisses d'une herbe drue, que le vent agite sans cesse et dont les ondulations donnent bien la sensation d'une mer aux vagues courtes et fréquentes.

La concession de la Franco-Algérienne porte sur 300,000 hectares où se récolte la plante textile qui sert à fabriquer le papier, le carton, la spartcrie, etc. Mais combien de centaines de mille hectares restent en dehors de la concession ?

Le fait est que le train continue à courir à travers la mer d'alfa, sans qu'on puisse entrevoir la fin de cette effrayante immensité...

A Modzbah Sfid s'embranche la ligne stratégique de Méchéria, aujourd'hui exploitée par la Franco-Algérienne, mais construite en 1881 par le Génie militaire, à raison d'un demi kilomètre par jour, soit 115 kilomètres de Modzbah à Méchéria, en 239 jours.

Dès qu'on est entré sur la ligne stratégique, on reconnaît la main du Génie : Ce ne sont plus des gares que l'on traverse, mais des citadelles.

Ces gares sont formées de quatre bastions reliés par des murs crénelés et couronnés de balcons en tôle de fer pleins, avec meurtrières. Les volets des fenêtres, les portes, blindés, matelassés, sont à glissière. Dans la cour intérieure se trouve une citerne que le train, chaque jour, alimente en passant, à l'aide des wagons-réservoirs pleins d'eau qu'il traîne avec lui.

C'est dans ces gares-redoutes que vivent les employés du chemin de fer : petites colonies d'une dizaine de personnes, absolument isolées et ne communiquant avec le reste du genre humain que par le moyen des deux trains, montant et descendant, qui passent chaque jour et qui leur apportent non seulement l'eau, mais le pain, la viande et tous les approvisionnements.

Étrangement triste, à la fois, et audacieuse, est l'existence de ces modestes employés, peu payés et qui vivent sur une alerte continuelle, dans des régions au climat terrible, assurant, par leur dévouement, le fonctionnement régulier de ce grand agent civilisateur qu'est le chemin de fer.

Mais voici la plaine qui s'abaisse doucement ; au loin apparaissent des cîmes violettes qui se perdent dans le bleu d'un horizon éloigné et plus près de nous commence à briller aux rayons du soleil, un vaste et étincelant miroir ; ce sont les grands lacs salés, ou Chotts formés par une dépression qui se trouve juste au centre des Hauts-Plateaux et où se recueillent toutes les eaux de pluie.

Les Chotts sont très peu profonds, souvent à sec, et c'est le sel qui se dépose au loin sur le sable qui leur donne cet aspect scintillant, d'une si fatigante intensité.

Mais sous cette mince couche d'eau et de sel se dissimule un dangereux marécage qu'on ne peut traverser que sur un seul point : c'est là que le Génie a construit l'importante forteresse du Khreider.

Au Khreider, il n'y a plus ni diss, ni thym, ni alfa. Le sable mélangé de sel ne permet aucune végétation et, tout autour de soi, on n'a que la plaine blanche, aride, sans un brin d'herbe où l'œil puisse s'accrocher.

Le train ralentit sa marche et s'arrête devant un immense bâtiment bastionné, où il n'y a de fenêtres qu'à 10 mètres de hauteur.

Au-dessus de la porte massive où veillent des factionnaires, on lit :

LE KHREIDER
REDOUTE DU BAS

C'est la gare. A quelques pas, une misérable échoppe représente la seule buvette de toute la ligne des Hauts-Plateaux, où l'on puisse se rafraîchir. Aussi chaque voyageur emporte-t-il ses provisions.

Derrière la redoute basse, se dresse une haute colline rocheuse au sommet de laquelle l'autorité militaire a installé la deuxième redoute.

Celle-ci est d'un aspect tout à fait imposant, et la haute tour du télégraphe optique qui la domine lui imprime l'aspect de quelque château du moyen âge.

La garnison comprend, d'ailleurs, plusieurs milliers d'hommes et on se sent saisi de respect devant ces édifices magnifiques que la volonté humaine a su planter là où il semblait que jamais un être vivant ne pourrait durer.

L'autorité militaire a fait plus.

De l'autre côté de la gare, elle a su découvrir des sources abondantes d'une eau pure, elle a capté cette eau dans des bassins et des piscines et, tout autour, elle s'est mise à planter des arbres.

Oh ! le réjouissant spectacle, cette tache de verdure au milieu du néant sableux et rocailleux qui vous environne et vous accable !

Et, comme là où il y a de l'eau, la colonisation ne manque pas de faire des progrès, un village, avec Hôtel-de-Ville, école, n'a pas tardé à sortir du sol. On y découvre d'ambitieuses enseignes d'hôtels et de cafés, et c'est avec un réel étonnement qu'on voit toute une population de colons commercer parmi les uniformes de la légion étrangère, du bataillon d'Afrique, du génie, de l'artillerie et des spahis.

Mais il faut repartir. Sur une étroite chaussée nous franchissons le Chott Chergui, dont les eaux viennent baigner les roues des wagons et nous allons nous arrêter à une autre citadelle isolée, Bou-Ktoub, d'où nous jetons un dernier coup d'œil sur l'ensemble des forts et des bâtisses qui constituent le Khreider.

Comme création artificielle d'une ville dans un endroit presque inhabitable, mais indiqué par des raisons stratégiques, c'est ce que je connais de plus remarquable à l'actif de notre autorité militaire. Là, vraiment, on dirait un mirage.

Au delà des Chotts s'étale la partie la plus triste, la plus nue, la plus déserte des Hauts-Plateaux. On n'y rencontre même plus les rares troupeaux de chameaux ou de moutons qui, plus au Nord, piquaient de quelques points animés la vaste solitude. Pas un être humain, pas un animal, pas un oiseau n'interrompt la monotonie de la lande inculte où le vent siffle et hurle sans relâche.

Le train remonte par courbes continuelles le versant Sud de la dépression des chotts. De temps à autre le mécanicien siffle, s'arrête devant une de ces gares-citadelles, toujours pareilles, que j'ai déjà décrites. On repart et cela dure ainsi pendant des heures.

Enfin, voici Méchéria.

Ce poste militaire nous avait été dénoncé depuis longtemps par les cîmes du Djebel Antar qui le dominent. Peu à peu la chaîne de montagne, toute droite, rectiligne, presque symétriquement dentelée, s'est rapprochée. Des essais de culture ont frappé nos yeux. Nous nous arrêtons devant une gare-citadelle, où il y a beaucoup de monde : ai-je besoin d'ajouter que ce sont surtout des militaires ?

A gauche, un village de plusieurs centaines d'habitants, aligne ses rues tirées au cordeau. L'uniformité des petites maisons blanches, à simple rez-de-chaussée, n'est interrompue que par l'Hôtel-de-Ville, l'église, la mosquée, coquettes constructions dues au Génie militaire. Au loin, se profile, toute droite, la route conduisant à Géryville.

A droite, au pied même du Djebel-Antar, se dresse une vaste enceinte fortifiée, embrassant la ville militaire, avec casernements, magasins et hôpitaux pour plusieurs milliers d'hommes. Tout cela est construit en une pierre de taille rougeâtre, d'un bon effet à l'œil.

Et cependant, ceux qui connaissent le mieux le Sud Oranais affirment que Méchéria constitue une erreur.

Le développement qui fut donné à ce poste correspond à l'époque où Méchéria formait le terminus de la ligne des Hauts-Plateaux.

On le considérait alors comme devant tenir en respect la turbulente tribu des Hamyan et celle plus belliqueuse encore des Amour. Mais depuis que le chemin de fer a été prolongé jusqu'à Aïn-Sefra, en pleine région saharienne, Méchéria n'a plus que l'importance d'un gros poste d'étape entre les points stratégiques du Khreider et d'Aïn-Sefra.

D'ailleurs l'eau y est rare ; par conséquent le développement, même artificiel, de la colonisation marchera toujours à pas très lents, et il ne manque pas de personnes pour regretter que l'argent dépensé à Méchéria pour en faire une citadelle de premier ordre, n'ait pas été utilisé plus au Sud, sur des points mieux susceptibles d'avenir.

Ces réflexions ne m'empêchent pas de reconnaître tout ce que l'autorité militaire a fait pour improviser une ville sur cette terre rebelle.

J'ai déjà eu occasion de dire les admirables résultats obtenus dans tout le Sud par l'action patiente, persévérante du Génie qui, sous l'impulsion des commandants supérieurs, nous dote d'une série de postes, imités des Romains et.

qui paraissent vraiment destinés, après avoir été les étapes de la conquête, à devenir celles de la colonisation.

On ne peut s'empêcher d'admirer l'ordre, la propreté, le calme qui règnent dans ces villages perdus, où pourtant n'afflue pas l'élite de la population européenne.

Quelques Français, pas mal d'Italiens et beaucoup d'Espagnols, tel est le fonds de cette colonisation à laquelle viennent se mêler de nombreux Marocains et quelques Arabes.

Dans ce milieu (toutes proportions numériques gardées), il se commet dix fois moins de crimes, de vols et d'attentats qu'en territoire civil. Et quand on demande pourquoi ? la réponse est toute claire et toute simple : parce que les Bureaux Arabes usent, sans relâche, de la responsabilité collective.

Qu'on ne nous dise donc pas que celle-ci n'est plus de notre temps. Partout où elle fonctionne, la sécurité est assurée, tandis qu'elle devient illusoire, dès que vous voulez appliquer à l'indigène, essentiellement communiste, notre législation individualiste.

A partir de Méchéria, on sent que la nature change. A droite, à gauche, surgissent des chaînes de montagnes, dont quelques-unes, fort élevées, ont leurs cîmes coiffées de bonnets de neige.

La lande est toujours déserte, mais l'alfa se fait plus rare. A ses touffes s'en mêlent d'autres, rompant ainsi l'uniformité absolue du terrain que l'on a parcouru.

À deux heures de Méchéria on aperçoit le premier arbre ! Ouf ! quel soulagement pour l'œil !

Les montagnes se resserrent et forment une vallée par laquelle on commence à dévaler le versant saharien des Hauts-Plateaux.

Détail particulier : la voie ferrée de Méchéria à Aïn-Sefra n'a plus été construite par le Génie militaire, mais directement par l'industrie privée. Aussi les gares n'offrent-elles plus des précautions de défense aussi minutieusement prises. On ne voit plus de ces portes soigneusement blindées, bien des fenêtres manquent de volets.

C'est une grosse et inexplicable imprudence, car enfin, plus on avance vers le Sud, plus la vie des agents du chemin de fer se trouve exposée et nous ne comprenons pas qu'on n'impose pas à la Franco-Algérienne, les mesures de précaution élémentaires que commande le souci de la sécurité de ses employés.

Encore quelques gares telles que Naâma et Mekhallis : nous voici au Nord du Djebel-Aïssa ; il n'y a plus qu'à contourner ce massif montagneux et une pente rapide nous amènera à Aïn-Sefra, point terminus actuel de la ligne, jusqu'à ce que celle-ci soit prolongée vers Djenian-bou-Rezg.

VIII

Le Sahara Oranais. — Aïn-Sefra. — La redoute. - Le Ksar. — Le village. — Les plantations.

J'arrive à Aïn-Sefra par un froid vif, mais sec.

Sur les Hauts-Plateaux nous avons eu quelques averses.

Mais ici la nuit est claire, de cette limpidité translucide qui est la caractéristique des régions sahariennes. La lune déverse sur la lande une clarté laiteuse où les ombres grandissent démesurément et les objets se détachent avec un grossissement extraordinaire.

D'ailleurs, rien, dans le climat, de ce qu'on est convenu d'attribuer au grand Désert. La température est celle de l'hiver dans les départements les plus septentrionaux de la France. La bise souffle presque en tempête. On cherche, avec plaisir, les rayons du soleil.

Aussitôt débarqué, je m'informe du nouveau chemin de fer.

Les chantiers, déjà ouverts, sont situés à une dizaine de kilomètres d'ici, dans la direction de Tiout. Ils se continuent, d'ailleurs, à partir de ce point, jusqu'au terminus du tronçon en construction, c'est-à-dire jusqu'à *Aïn-Hadjedj* (la source des rochers), col de montagnes situé au 23ᵉ kilomètre. La seule partie non attaquée est précisément celle qui avoisine Aïn-Sefra, parce qu'elle est toute en plaine et n'offre aucune difficulté technique.

Ce sera donc une petite expédition à entreprendre.

En attendant, j'ai le loisir de parcourir Aïn-Sefra, qui ne manque certes pas d'intérêt.

Je suis, je ne le cache pas, émerveillé de ce que l'administration militaire a su réaliser ici, sur un sol rebelle, où il a fallu arracher aux sables envahissants des dunes, en quelque sorte, chaque pouce de terrain.

Il y a treize ans, il n'y avait absolument rien ici. Un pauvre ksar, entouré de quelques maigres jardins.

C'est sur ce point que le général Delebecque, si malheureusement mort l'an dernier, dans un accident, résolut de placer le dernier avant-poste de l'occupation française dans le Sud Oranais.

Au point de vue stratégique, aucune position n'était, d'ailleurs, mieux faite pour tenir en respect la puissante et belliqueuse tribu des Hamyan. En revanche, il s'agissait de tout créer, de tout improviser.

Treize ans se sont écoulés depuis. Maintenant Aïn-Sefra comprend, en dehors du vieux ksar, scrupuleusement respecté, une redoute dans laquelle est installée à l'aise une garnison de 2,000 hommes, comprenant toutes les armes : légion étrangère, spahis, artillerie de montagne, génie, train des équipages, de façon à pouvoir constituer une colonne à la première alerte.

Particularité à noter : il existe ici une compagnie de la légion, entièrement montée à mulets, qui peut, en une journée, se transporter à 80 kilomètres de distance.

On le voit : les méharistes d'El-Goléa ont à Aïn-Sefra de sérieux concurrents.

Ceci soit dit au point de vue militaire.

Mais ce qui m'a plus étonné encore que les remarquables bâtiments élevés par le Génie, c'est le village qui s'est créé de l'autre côté de l'Oued-Sefra, en face de la redoute et qui compte, dès aujourd'hui, 400 habitants européens.

Je viens de voir sortir les enfants de l'école. Ils sont 72. Et vraiment il serait temps de dédoubler l'école en deux classes, car l'instituteur ne peut plus suffire aux besoins de tout ce petit monde. La femme de l'instituteur est brevetée. Que ne la lui donne-t-on pour adjointe ?

Voilà pour la critique. Mais, en dehors de là, je constate qu'Aïn-Sefra possède une distribution d'eau très complète ; il y a des fontaines à tous les coins de rue ; un joli Hôtel-de-Ville, une grande place, deux hôtels, plusieurs cafés, des rues bien entretenues, un bureau de poste et télégraphe, un beau pont d'une seule arche sur la rivière, et surtout de remarquables plantations.

La ville est située au pied du Raz-Chergui, dont le sommet, surmonté d'un poste de télégraphie optique, la domine de 1,200 mètres. (Aïn-Sefra même est à 1,070 mètres, ce qui donne pour le Raz-Chergui la respectable hauteur de 2,250 mètres). Mais entre la montagne et l'oasis constituée autour de l'Oued-Sefra, s'étend une immense dune d'un sable jaune qui, sous l'empire du vent, menace à chaque instant de tout submerger.

C'est cette dune que l'on a entrepris et admirablement réussi à fixer.

L'œuvre a été commencée par le capitaine Godron, ancien chef du bureau arabe et continuée par tous ses successeurs, y compris le titulaire actuel, capitaine Rigal, celui-là même qui, avec ses 80 cavaliers du Maghzen, a réussi à établir dans le cercle d'Aïn-Sefra une sécurité que les environs d'Alger pourraient envier.

On se promène et on excursionne ici, dans l'Extrême-Sud, avec plus d'aise qu'à Mustapha-Supérieur.

Mais revenons aux plantations. Le bureau arabe, subventionné à cet effet par le Gouvernement général (4,000 francs par an), rachète tous les ans, tous les fumiers de la garnison. Ces fumiers sont répandus, *non consommés*, sur le sable. Les grains qu'ils renferment, germent et ainsi se forme une première couche de terrain végétal dans laquelle on s'empresse de planter des peupliers, des pins et d'autres essences d'arbres, tout aussi rustiques.

Il y a déjà une pépinière de plusieurs milliers de pins et peupliers. Dans quelques années, ce sera une forêt du plus charmant aspect et qui ne manquera pas d'exercer la plus heureuse influence sur le climat d'Aïn-Sefra.

Pour parvenir aux plantations, il faut traverser le Ksar. Ils ont été cent fois décrits, ces villages sahariens, et pourtant l'effet en est toujours saisissant. On ne peut se défendre d'une impression particulière, lorsqu'on longe ces étroits couloirs bordés de hautes murailles en pisé, qui servent de ruelles, quand on franchit ces voûtes sombres où il faut baisser la tête, où brusquement, dans des jardinets en forme de puits, on se trouve en face de magnifiques plantations de palmiers.

Tout cela, d'ailleurs, tombé plus ou moins en ruine, porte le cachet de l'indolence berbère. Quel contraste entre les restes de cette civilisation, devenue vieillotte avant d'avoir connu l'âge mûr et le magnifique effort de notre civilisation à nous qui, partout où elle porte son activité, crée la vie !

IX

Dans l'Extrême-Sud. — La voie ferrée en construction. — A l'Oasis d'Ain-Hadjedj. — Vive la France ! — De Hadjedj à Djenian-bou-Rezg. — Les deux Moghrar. — Le Figuig ou Igli ?

Me voici à l'oasis d'Ain-Hadjedj, située au 25e kilomètre de la voie ferrée en construction, et appartenant aux *Amour*. L'avourai-je ? Malgré toutes les assurances qu'on m'avait données, je n'étais pas sans éprouver quelque inquiétude, au sujet de cette course en avant d'Ain-Sefra. Eh bien, non ; grâce à l'admirable organisation de l'administration militaire, le Sud Oranais est absolument tranquille : on y est plus en sûreté que dans le Tell. Le Sahara, de ce côté, s'est civilisé et c'est commodément, en breack, que je suis venu jusqu'ici, sans escorte, ne rencontrant que des indigènes empressés à saluer les Français ; et cependant, je ne suis pas à plus de six kilomètres des deux Moghrar, c'est-à-dire des deux Ksour où prit naissance, en 1881, l'insurrection de Bou-Amema et à 40 kilomètres de la frontière marocaine !

Descendu de voiture à 10 kilomètres d'Ain-Sefra, j'ai pu d'abord suivre à pied une partie de la voie en construction ; ensuite, par les aimables entrepreneurs, MM. Polidori et Ingignoli, que j'ai rencontrés ici, j'ai obtenu quelques renseignements précieux ; je suis donc à même de parler *de visu*, dans ses plus grands détails, de tout ce qui a trait à cette importante entreprise qui est destinée à faciliter considérablement l'occupation du Touât.

A partir d'Aïn-Sefra, le terrain est singulièrement tourmenté. Les chaînes de montagnes se succèdent les unes aux autres jusqu'à 120 kilomètres au Sud, c'est-à-dire à l'endroit où commence l'Erg, pierreux et sablonneux.

La nouvelle ligne se ressent forcément de cette disposition du sol : la première section, d'Aïn-Sefra à Aïn-Hadjedj, ne comprend pas moins de 70 ouvrages d'art, ponts, ponceaux et aqueducs, parmi lesquels un grand pont métallique à quatre travées et d'une ouverture de 60 mètres sur l'Oued-Sefra. Il faut compter encore quatre tranchées importantes, atteignant 10 mètres de profondeur et taillées dans le roc vif. Les difficultés techniques à vaincre sont, par conséquent, beaucoup plus considérables que sur la ligne existante des Hauts-Plateaux.

Et cependant, grâce à l'activité du personnel occupé aux travaux, ceux-ci présentent un degré d'avancement très satisfaisant. Le premier coup de pioche a été donné le 23 décembre dernier. Or, j'ai compté dix-sept ouvrages déjà complètement achevés, parmi lesquels trois ponts de quatre mètres, deux de trois mètres et un certain nombre de dallots et d'aqueducs. Si on continue ainsi, me disent les entrepreneurs, dans deux ans, bien que le délai accordé soit de cinq, la voie pourra être livrée à l'exploitation.

Tous les points de la ligne sont d'ailleurs attaqués avec une égale activité et 300 ouvriers, pour la plupart marocains ou espagnols, sont sans relâche occupés à terrasser, à faire sauter le roc à la mine, à creuser les tranchées et à poser les assises des ponts et aqueducs.

Le chemin de fer des Hauts-Plateaux, je l'ai dit, arrive à Aïn-Sefra par une forte courbe, dirigée de l'Ouest à l'Est, en suivant une rampe très prononcée : il contourne le massif du Djebel-Aïssa.

A partir de là, le nouveau chemin de fer suivra la vallée de l'Oued-Sefra sur un parcours de 12 kilomètres et, à son tour, il décrira une grande courbe de direction inverse, dans le sens de l'Est Sud-Ouest, de façon à contourner le massif du Djebel-Mekter.

Au 13e kilomètre, qui forme le centre de la courbe, on vient d'adjuger les travaux de la gare de Tiout, ravissante oasis que tous les touristes vont visiter. Cette première partie de la ligne est toute plane. La future voie court au fond d'une large vallée, le long de l'Oued-Sefra. Mais, à partir de ce point, les flancs des montagnes se rapprochent et c'est en plein roc que désormais il faut tailler les tranchées.

La ligne serpente ainsi, se pliant au contour du terrain, à travers cent difficultés diverses, jusqu'à ce qu'elle atteigne le col de Hadjedj, situé à 1,067 mètres d'altitude.

C'est à deux kilomètres plus loin que se termine le lot actuellement en construction.

Quoique le fond de l'air reste froid, le temps

est splendide. Le soleil darde de chauds rayons. Aussi n'est-ce pas sans fatigue que j'ai accompli mon pélerinage le long de la voie en construction. J'ai repris avec plaisir ma place dans le breack et c'est avec délices que je suis venu me reposer dans la merveilleuse oasis d'Aïn-Hadjedj.

Ah ! à ceux qui traitent les palmiers de « plumeaux prétentieux », je conseille de venir les voir ici, en pleine exubérance naturelle. Ils pourront juger alors de la captivante perspective qu'offre cette végétation *sui generis* qui a besoin d'être admirée dans son cadre.

Mais je serais un ingrat, si je ne mentionnais la façon dont j'ai été reçu au col de Hadjedj, point culminant de la section, par le personnel de la construction.

Je me suis rencontré là avec deux Lillois, grands chasseurs devant Dieu, qui battent les environs sans trêve ni répit.

Tous trois nous avons été accueillis par M. Henry, conducteur des Pont-et-Chaussées, qui a la surveillance des travaux et qui est bien le plus aimable hôte qu'en un lieu désert on puisse souhaiter rencontrer.

Au milieu du paysage abrupt, parmi les roches et les éboulements, à 1,108 mètres d'altitude, un superbe déjeuner a été improvisé et nous avons bu le champagne à la marche en avant de la France vers le Touât !

Je ne veux pas paraître ridicule en retraçant les petits épisodes vus de tous ceux qui sont allés dans la région saharienne et qui cependant saisissent toujours le nouvel arrivant : longues files de chameaux, conduits par des Arabes de la tribu des *Amour*, armés jusqu'aux dents, cavaliers isolés galopant le fusil sur l'arçon de la selle, etc...

Mais je tiens à insister sur le caractère de grandeur qu'offre cette entreprise d'un chemin de fer qu'on pousse ainsi en avant, à travers une région déserte et... fort mal famée, car c'est bien à la « frontière de la poudre » que nous sommes.

On ne peut, je crois, s'empêcher d'admirer cette poignée d'hommes qui, tranquillement, vaquent à leurs travaux comme s'ils construisaient une voie ferrée aux environs d'Alger ou de Paris.

**

A partir de Hadjedj, la ligne n'existe encore qu'en tracé ; mais la rapidité des travaux, d'un côté, les nécessités stratégiques de l'autre, permettent de croire qu'on ne s'en tiendra pas à ce tronçon de 24 kilomètres, qui aboutit à une oasis inhabitée, appartenant aux Amour et qu'on s'empressera d'entreprendre les deux sections suivantes, formant un total de 60 kilomètres, dont la première va de Hadjedj à Moghrar et la seconde de Moghrar au point terminus, soit Djenian-bou-Rezg.

Au col de Hadjedj, la nouvelle ligne atteint son élévation culminante, par 1,067 mètres d'altitude. Elle se dirige de là en pente douce, vers la future station de Hadjedj, dont l'emplacement est fixé au-dessus de la riante oasis qui se trouve en contrebas.

A partir de ce point, la ligne suit une direction uniformément orientée vers le Sud-Ouest jusqu'au 40e kilomètre, soit à six kilomètres au-delà de Moghrar.

Aussitôt après la station de Hadjedj, la voie entre dans la vallée de l'Oued de Tiout, qui, un peu plus au Sud, prend le nom d'Oued-Soum et se déverse dans l'Oued-Namous.

C'est en suivant les pentes qui bordent le *thalweg* de cette dernière vallée que la voie parvient jusqu'à Moghrar-Foukani — le Moghrar d'en haut — laissant à l'Est Moghrar-Tahtani — le Moghrar d'en bas.

Bien déchus de leur ancienne puissance, sont les deux Ksour de Moghrar. On sait qu'à la suite de l'insurrection de 1881, le général Delebecque les ruina de fond en comble, ne laissant en place ni un bloc de pisé, ni un palmier. La punition était d'ailleurs méritée, car c'est de là qu'était parti le premier signal de la rebellion, c'est là que Bou-Amema avait recruté les partisans qui, avec lui, massacrèrent les alfatiers de Kralfallah.

Depuis, les Ksour se sont relevés. Mais, de même que les Hamyan de Méchéria et d'Aïn-Sefra, de même les Amour de Moghrar sont complètement guéris de toute velléité belliqueuse.

Un poste de spahis surveille d'ailleurs leurs Ksour, péniblement sortis de leurs ruines, et les Sahariens qui s'y sont réinstallés ne songent plus qu'à cultiver pacifiquement la terre.

Quant aux éléments pillards des Amour, ils se sont réfugiés au-delà de notre dernier poste. Celui-ci est établi précisément à Djenian-bou-Rezg, où, depuis six ans, a été élevée une redoute qui donne abri à une compagnie du 1er bataillon d'Afrique et à une section de spahis.

L'an dernier, on y a envoyé une section d'artillerie et nos pièces de canon ne contribuent pas peu à inspirer le respect de notre puissance aux indigènes qui considèrent l'artillerie comme un privilège exclusif du *beylick*.

Au Maroc, le Sultan seul a le droit de posséder des canons. Puisque les Français en ont, c'est qu'ils sont aussi forts que le Sultan. Telle est la logique musulmane.

* *

Revenons au chemin de fer. Du col de Hadjedj (1,067 m), la ligne ira en descendant jusqu'à Moghrar-Foukani, qui n'est plus qu'à 880 mètres d'altitude.

Au-delà de la future gare, projetée en vue de ce Ksar, la ligne décrira une légère courbe et, s'inclinant vers le Sud, ira aboutir en droite ligne à la redoute de Djenian.

Cette courbe la fera sortir de la vallée de l'Oued-Namous et c'est en remontant qu'elle atteindra son point terminus, situé par 984 mètres d'altitude.

Maintenant, est-il admissible que le chemin de fer s'arrête là ?

Djenian-bou-Rezg est un pauvre Ksar dont

l'oasis est imparfaitement alimentée par une maigre source.

Notre garnison, elle aussi, souffre périodiquement du manque d'eau. Est-ce là le débouché admissible d'une voie ferrée ?

D'ailleurs, la description que j'ai donnée de la ligne tout entière permet-elle l'illusion d'un élément de commerce quelconque ? Ni Hadjedj, ni Moghrar, ni Djenian, ne fourniront jamais une tonne de marchandises au futur chemin de fer ; et quant aux voyageurs, que pourront-ils être ? Des militaires et quelques touristes amoureux du « non encore vu ».

La ligne d'Aïn-Sefra à Djenian ne peut donc être considérée que comme l'amorce de prolongements ultérieurs. Toute la question est de savoir dans quel sens on la continuera.

Si on veut persévérer dans la direction du Sud-Ouest, en 40 kilomètres on sera au Figuig.

Mais le Figuig vaudrait-il réellement les complications diplomatiques avec le Maroc et certaines puissances européennes que pourrait entraîner son occupation ?

J'ai eu occasion d'interroger maint *Figuigui*, tant juif qu'arabe. Tous sont d'accord pour représenter les cinq Ksour qui constituent la célèbre oasis, plutôt comme les intermédiaires du commerce avec le Sud que comme des centres de production, de consommation. Ils sont unanimes à vanter l'immense forêt de palmiers que les Ksour figuigui entourent, en quelque sorte, d'une enceinte de pisé. Mais ils reconnaissent que l'oasis ne pourrait, le cas échéant, mettre en ligne que 3,000 fusils et cela seul suffit à démontrer que si elle produit assez pour satisfaire à la consommation de ses habitants, elle ne saurait être considérée comme un centre de production : le chiffre peu élevé de sa population le prouve surabondamment.

Aussi, à mon avis — et je crois bien que c'est celui de l'autorité militaire — une fois que la locomotive aura atteint Djenian, la prochaine étape devra être, non pas Figuig, mais Igli, droit au Sud, sur le chemin du Touât.

Ce sera l'affaire d'une année pour purger le pays des pillards et détrousseurs qui l'infestent actuellement au Sud de Djenian. Une fois que nos colonnes volantes pourront rayonner autour de ce dernier centre, les batteurs d'estrade reculeront et la région ne tardera pas à devenir aussi sûre que l'est actuellement celle d'Aïn-Sefra.

Aucune difficulté diplomatique n'est, d'ailleurs, à redouter pour l'oasis d'Igli, puisqu'elle est en dedans des limites géographiques spécifiées au malencontreux traité de 1845 ; et en prolongeant notre chemin de fer de pénétration jusque vers le Touât, nous aurons, du même coup, annulé toute l'importance du Figuig qui, privé du transit des caravanes dont il tire toute sa prospérité, retombera au rang d'une simple oasis, sans importance politique.

X

Un nouveau modèle de caserne. — Une expérience en fait de chemin de fer. — Initiative privée ou l'État ? — Une leçon pour l'avenir.

Les réflexions qui précèdent, nous les avons échangées durant une nuit *enlunée*, d'une transparence intense, telle qu'on peut en jouir seulement dans la région saharienne, tandis que notre break nous ramenait à Aïn-Sefra...

Les promeneurs du boulevard de la République ne se doutent guère qu'on puisse ainsi se promener en break, en pleine nuit, à travers les pistes à peine tracées du désert. Et cependant cela est : grave sujet de méditations pour ceux qui ont charge de la sécurité en territoire civil !

Sans escorte, sans faire une mauvaise rencontre, nous sommes rentrés à Aïn-Sefra, à 3 heures 1/2 du matin, quelque peu gelés par le froid intense, mais émerveillés par cette course vagabonde, où le chacal et la hyène sont les seules créatures vivantes qui se soient trouvées sur notre chemin.

Ce retour a été étincelant de gaîté, d'entrain. Le feu roulant des plaisanteries n'a cependant pas empêché plus d'une observation judicieuse.

Ainsi, on y a apprécié la méthode — nouvelle pour l'Algérie — qui vient d'être appliquée à la construction du nouveau chemin de fer d'Aïn-Sefra à Djenian-bou-Rezg.

Aïn-Sefra semble, en effet, posséder l'heu-

reuse fortune d'être la terre aux expériences.
Dans toute l'Algérie le Génie militaire construit
ses casernes sur le type adopté en France, sans
plus se préoccuper du climat spécial à notre
colonie; et il a fallu que je tombe dans ce coin
perdu de l'Extrême-Sud pour voir s'élever une
caserne toute neuve, destinée à la Légion étrangère et qui comporte des balcons à arcades à
tous les étages.

C'est, je l'avoue, un peu lourd et j'eusse préféré des vérandas, supportées par des colonnes
en fonte, telles qu'on en voit à tous les édifices
militaires de la Cochinchine. N'importe; il y a
un progrès à constater et je souhaite qu'il s'étende au moins à toutes les casernes neuves de
l'Algérie.

De même, pour revenir à notre voie ferrée,
celle-ci comporte cette particularité que, pour
la première fois, je crois, en Algérie, elle est
construite directement par l'Etat, sans l'inter-
vention d'aucune Compagnie privée.

Il s'est bien produit quelque chose d'analogue
pour une section de la ligne des Hauts-Plateaux
entre Modzbah-Sfid et Méchéria. Celle-ci fut
établie entre le 7 août 1881 et le 2 avril 1882,
soit 115 kilomètres de voie ferrée en 239 jours
et cette rapidité fut justement considérée comme un tour de force accompli par le Génie militaire.

La section Modzbah-Méchéria se distingue
d'ailleurs de toute la ligne des Hauts-Plateaux
par le fini de la voie, le souci du ballastage et
le luxe défensif des gares: on y reconnait bien

la main du Génie qui travaille cher, mais
bien.

Cependant on ne saurait prendre pour type
l'établissement d'une ligne stratégique, par l'autorité militaire, sous le coup d'événements
exceptionnels. Si essentiellement stratégique
que soit la nouvelle section Aïn-Sefra-Djenian-
bou-Rezg, sa construction s'effectue en pleine
paix, par les moyens ordinaires, c'est-à-dire par
le service des Ponts-et-Chaussées ; et c'est à ce
point de vue qu'une comparaison est intéres-
sante à établir entre ce qu'ont fait jusqu'ici les
Ingénieurs des Compagnies privées et ce que
réalisent en ce moment même les Ingénieurs de
l'Etat.

Ici, rien ne peut balancer l'éloquence des
chiffres ; d'autant plus que les deux points de la
comparaison s'imposent d'eux-mêmes, entre la
dernière section de la ligne des Hauts-Plateaux :
Méchéria-Aïn-Sefra, qui fut construite par la
Compagnie Franco-Algérienne et le premier
tronçon de la ligne nouvelle : Aïn-Sefra-Dje-
nian, dont tous les plans et devis sont dus à
MM. Genty, ingénieur en chef des Ponts-et-
Chaussées à Oran et Pincemaille, ingénieur ordinaire à Mascara.

Le rapprochement sera d'autant plus saisissant qu'entre Méchéria et Aïn-Sefra, le seul ou-
vrage d'art un peu important a été une tran-
chée n'atteignant pas plus de quarante mètres
de profondeur sur l'axe et que, par endroits, il
y a jusqu'à seize kilomètres de voie entre deux
buses. On ne saurait imaginer un minimum de

difficultés techniques plus complet. Et cependant cette ligne est revenue au prix moyen de 65,000 francs le kilomètre.

Au contraire, j'ai eu occasion de dire que le tronçon Ain-Sefra au col de Hadjedj comportera, sur 23 kilomètres de parcours, soixante-dix ouvrages de maçonnerie et quatre tranchées profondes taillées dans le roc.

Et pourtant il ne coûtera pas tout à fait 50,000 francs le kilomètre, soit une différence sensible en moins.

Les devis comportaient, pour l'infrastructure, une dépense totale de 650,000 francs. Le rabais obtenu des entrepreneurs s'est élevé à 18 %, ce qui réduit cette première catégorie de dépenses à 23,000 francs par kilomètre.

De son côté, la superstructure, soit ballastage, fournitures de la voie, pose de rails, construction de gares, etc., est calculée à 26,000 francs par kilomètre; ce qui donne 49,000 francs au total.

A obstacles égaux, on peut estimer que la construction par l'Etat mettra le kilomètre à 55 o/o de ce qu'aurait coûté la même construction, si elle eût été confiée à une Compagnie privée.

A la réflexion, d'ailleurs, il n'en saurait être autrement. Lorsqu'une Compagnie entreprend un chemin de fer, il faut d'abord qu'elle se procure les capitaux, puis qu'elle les rémunère. Ensuite, elle doit créer tout un personnel technique. Tout cela grève terriblement le budget de la construction.

Rien de pareil pour l'État. Les crédits inscrits au budget n'exigent aucun service d'intérêts et quant au personnel, il est tout naturellement fourni par le cadre ordinaire.

Ainsi que je le disais, toute la construction de la nouvelle voie ferrée est dirigée par MM. l'ingénieur en chef Genty et l'ingénieur ordinaire Pincemaille, qui sont les auteurs, aussi bien des études préliminaires que des plans et devis définitifs ; et quant à la surveillance sur le terrain, elle est confiée à un conducteur des Ponts-et-Chaussées, M. Henry, assisté de deux agents.

Dans de telles conditions, le chapitre si lourd des frais généraux se trouve presque totalement supprimé.

Je ne voudrais pas qu'on me fît aller au-delà de ma pensée et qu'on me prît pour un fanatique de l'*exploitation* par l'État.

Mais, au point de vue *construction*, MM. les ingénieurs de l'État, Genty et Pincemaille, sont en train de mener à bout une expérience dont il faudra, je crois, tenir grand compte dans tous les futurs projets de voie ferrée en Algérie.

Je n'ai pas à m'occuper de la France continentale. Mais, pour notre colonie, la leçon qui s'en dégage, c'est que le véritable système de l'avenir devra être la construction par l'État et la rétrocession à prix coûtant à l'industrie privée, avec ou sans garantie d'intérêt, en vue de l'exploitation.

Il faudrait de longs chapitres encore pour raconter ces régions si curieuses du Sud qui commencent à Saïda et finissent là où sont placés nos derniers avant-postes. J'en ai cependant assez dit pour faire comprendre tout le parti que l'autorité militaire a su tirer de territoires qui, de prime abord, semblaient impropres à toute colonisation.

Les Hauts-Plateaux et le Sahara oranais resteront évidemment toujours rebelles à la culture. Mais, au point de vue de l'élevage du bétail, ils promettent des résultats importants pour le jour où les colons ne l'abandonneront plus aux seuls indigènes.

XI

Dans l'Est Oranais. — La vallée de la Mina. — De Relizane à Tiaret. — Culture arabe et colonisation. — Fortassa. — Tagdempt. — Tiaret et Sidi-Khaled.

C'est à Relizane, non loin, par conséquent, des confins du département d'Alger, que s'embranche la ligne qui, suivant les sinueux méandres de la vallée de la Mina, s'élève jusqu'à Tiaret, autre sentinelle avancée, sise à 1.000 mètres d'altitude et placée, comme Saïda, au débouché des Hauts-Plateaux.

Dès le point de départ, la vallée étonne et séduit par la richesse de sa végétation. La colonisation, cependant, y est nulle : quelques gourbis indigènes, entourés de nombreux troupeaux, sont les seuls représentants de la vie humaine et animale.

Un peu plus loin pourtant, on est en train de terminer le barrage de l'Oued-Fergoug, ce qui permet d'espérer qu'en cet endroit, on songera à installer un centre. Et l'on fera bien, car la terre est d'une incomparable fertilité.

Le train cependant avance toujours, la vallée se resserre, d'immenses murailles granitiques, à demi-écroulées, se dressent à gauche et à droite, tandis que le *thalweg* est occupé par des jardins fruitiers indigènes, parmi lesquels la voie se faufile, en courbes capricieuses.

Voici des marabouts couronnant de hautes montagnes et, se détachant parmi les autres, l'audacieux marabout de Sidi-Mohamed-Aouda, planté sur un roc en pain de sucre. Comment a-t-on fait pour amener des matériaux jusqu'à cette pointe ?

Le paysage est d'ailleurs merveilleusement pittoresque et relevé encore par cette particularité que le village, essentiellement indigène, est tout en pisé et offre tous les caractères des Ksour sahariens. Comment ce groupe d'habitations de l'Extrême-Sud est-il venu s'égarer là, en plein Tell !

En revanche, toujours pas de trace de colonisation ; rien que de la propriété indigène. Et pourtant, ce sont, sans conteste, les plus belles terres que j'ai rencontrées dans toutes mes pérégrinations à travers l'Oranie. Elles sont naturellement irriguées. En dehors de la Mina, qui n'est jamais à sec, des sources sourdent de toute

part ; la contrée est traversée dans toute sa profondeur par une voie ferrée. Comment est-il
possible, quand on met des colons dans tant
d'endroits insalubres et infertiles, qu'on n'ait
pas songé à en placer là où toutes les conditions, climat y compris, semblent réunies pour
favoriser leur acclimatation.

Afin de trouver un centre de peuplement, il
faut pousser jusqu'à Fortassa, et le degré de
prospérité qu'a atteint ce village, fait regretter
davantage encore qu'on ait négligé des territoires aussi propices à l'installation des colons.

Faut-il croire que parce qu'ici, à chaque pas,
on rencontre des souvenirs et des vestiges des
grandes guerres contre Abd-el-Kader, on ait
jugé à propos de laisser la terre aux Arabes ? Ce
serait une grosse faute, car il faut bien reconnaître qu'ils en tirent le plus mauvais parti possible et qu'il y aurait de quoi créer d'importants
villages, rien qu'avec ce que les indigènes lais-
sent en friche.

La vallée devient de plus en plus étroite et
sauvage. Les arbres disparaissent, le vent fraî-
chit, le train, par lacets continuels, s'élève vers
la région des Hauts-Plateaux, parcourant des
gorges étroites, au fond desquelles la Mina mu-
git en bondissant.

Le pays se transforme en désert, mais en un
désert où l'eau ne manque pas. Les gares repré-
sentent des embryons de centres de peuplement. On a commencé à coloniser : mais pourquoi s'est-on arrêté en route ?

Est-ce par hasard l'arabophilie qui a empêché

de livrer aux colons des terres si riches et si belles ? Est-ce à cause de leur fertilité qu'on a préféré les réserver aux indigènes ?

En tout cas, il n'y a plus d'habitants du tout et nous parcourons 34 kilomètres sans rencontrer une seule gare.

Enfin voici une localité : mais c'est uniquement par ses ruines qu'elle est fameuse : Tagdempt où, après l'incendie de Mascara, Abd-el-Kader fonda un vaste établissement, une capitale.

C'est de Tagdempt qu'il battit en retraite sur Taguin, où sa smala devait être enlevée par la charge audacieuse de Lamoricière et du duc d'Aumale.

Le site est d'une saisissante sauvagerie : un vrai cirque de montagnes abruptes où, sur des mamelons, contournés, encerclés de torrents à la course rapide, se dressent des ruines. La ville a dû être importante, à en juger par l'espace qu'elle couvrait. Systématiquement elle a été détruite et depuis, il n'a pas été permis de rien relever, de rien réédifier. Là du moins on reconnaît la main de l'autorité militaire, qui sait agir avec esprit de suite, sans fausse générosité ni sensibilité.

Encore dix kilomètres de montée et le train s'arrête au milieu d'une grande plaine dominée par de hautes collines. Au sommet de celles-ci se trouve Sidi-Khaled, entourant une espèce de piton, en forme de cône tronqué, que couronne l'enceinte fortifiée de Tiaret.

Il s'est passé là ce que j'ai déjà eu occasion de signaler pour Saïda.

L'ancienne ville bastionnée s'est bientôt trouvée trop étroite, et c'est à Sidi-Khaled que s'est constituée la vraie ville européenne, dominée, à l'Ouest, par la mosquée et le village nègre.

Le nouveau Tiaret ne comporte guère qu'une place, une grande rue et deux rues transversalles. Mais l'activité commerçante déborde de ce centre, dont l'avenir me paraît devoir être considérable.

Le marché indigène tenu chaque semaine, y est considérable. En dehors du vin et des céréales, il s'y traite de grosses affaires en laines.

L'élevage du cheval joue aussi un grand rôle dans cette région. Enfin, le climat permet des cultures se rapprochant sensiblement de celles du Nord de la France.

Je manquerais cependant à la vérité, si je ne signalais le caractère quelque peu turbulent des habitants de Tiaret.

La population offre d'abord cette particularité que les Espagnols y sont en très petit nombre et que le fond, à côté des Français, est constitué d'Italiens, principalement Piémontais.

Mais cette singularité n'est pas la seule. Une autre curiosité réside dans ce fait que, parmi tant de villes et de villages tranquilles jusqu'à la somnolence, Tiaret se distingue par la vivacité des passions locales. On y fait, comme de juste, de la très petite politique, mais on en fait beaucoup, et ce caractère spécial méritait d'être relevé pour une ville où, au premier abord, on ne croirait les habitants occupés que de leurs plaisirs.

Ce qu'il y a de plus curieux à visiter aux environs de Tiaret, c'est certainement la jumenterie. Ce superbe établissement, dont le domaine, tout en prairies, s'étend sur 5,000 hectares, renferme les plus beaux spécimens de poulinières de race indigène. Il forme la contre-partie du haras de Mazagran, où se trouvent les étalons correspondants. Les deux établissements peuvent passer pour le conservatoire du type pur du cheval algérien.

Malheureusement, il semble, parmi les maîtres de l'élevage, se produire des hésitations, des mouvements contradictoires.

Après avoir longtemps sélectionné le cheval arabe et le cheval syrien, on est en train d'abandonner ces races pour se consacrer exclusivement à l'élevage du barbe... et les avis sont partagés sur les résultats que pourra donner cette transformation.

Tout près de Tiaret, se trouve un des plus beaux spectacles qu'offre à l'œil la nature algérienne. C'est la grande cascade, formée par la Mina, à l'endroit où, quittant les Hauts-Plateaux, elle se précipite dans les vallées inférieures.

La chute, large de 80 mètres, n'a pas moins de 45 mètres de hauteur et elle est beaucoup plus grandiose que la cascade si réputée d'El-Ourit, près de Tlemcen.

Mais il y a bien d'autres choses à voir et les centres de colonisation, tels que Trumelet, Guertoufa, Mellakou, sont un curieux sujet d'études pour quiconque s'intéresse à l'avenir de l'*européanisation* de l'Algérie.

Là, en effet, la terre, toute en coteaux, est d'une fertilité que rehausse encore l'abondance des sources et le climat se rapproche tellement de celui du Nord de la France, que l'acclimatation des colons n'y offre aucune difficulté.

On ne peut que s'étonner et regretter de voir l'administration négliger une contrée aussi favorable à l'implantation de l'élément européen, tandis qu'obstinément elle envoie les nouveaux débarqués dans des régions infertiles et insalubres.

XII

Conclusions. — Le passé et l'avenir. — Civilisation arabe et civilisation européenne. — Le triomphe de la colonisation.

Avec la pointe poussée dans l'Est de l'Oranie, j'arrive au terme de mes notes, consacrées à une excursion nécessairement hâtive et qui ne peuvent prétendre à quelque valeur que par la sincérité des impressions que j'y ai consignées.

Quoique étant déjà devenu Algérien moi-même, par la longueur de mon séjour dans la colonie, je ne voudrais, pour rien au monde, tomber dans le travers de ces touristes qui croient avoir tout vu, tout apprécié et tout compris, parce qu'ils ont parcouru au galop, en quelques semaines, notre belle colonie.

Aussi, me garderai-je d'esquisser un système quelconque de réformes, dût-il être exclusivement applicable à la seule province d'Oran.

Mon but, en livrant à la publicité ces croquis à la plume, a été plus modeste. Je n'ai eu d'autre ambition que de constater l'état dans lequel se trouve une des trois provinces constituant l'Algérie.

Je n'ai pas caché les imperfections que j'ai rencontrées et j'ai hautement loué tout ce que j'ai trouvé de beau et de bien à l'honneur de la colonisation, comme aussi de la race indigène.

Aucun parti-pris n'a donc présidé à mon travail et j'estime que c'est la meilleure façon de donner au lecteur une impression vraie et vécue de ce qu'est notre grande province de l'Ouest.

Si j'ai pu, parmi les Algériens, augmenter ainsi la fierté et l'amour de leur pays, en le leur faisant mieux connaître, je serai déjà satisfait du résultat obtenu.

Mais je crois qu'il en sortira aussi cette conviction que si l'indigène représente le passé — un passé parfois brillant et séduisant par ses manifestations artistiques — l'avenir appartient à l'Européen seul.

Nulle part cette vérité n'apparaît aussi saisissante précisément que dans cette province d'Oran, où les vestiges de l'ancien art arabe sont plus purs et plus beaux que partout ailleurs, où la grandeur même de ce qui fut, fait mieux mesurer l'irrémédiable dégénérescence de ces populations, qui ont vieilli et sont tombées dans la décrépitude, sans presque avoir été jeunes.

En face de ces ruines, on apprécie d'autant plus sûrement la vitalité de la colonisation eu-

ropéenne, on se sent d'autant plus porté à rendre justice à l'effort accompli par ces pionniers
d'une civilisation nouvelle qui ont fait surgir
l'activité et la richesse, là où il n'y avait plus
que le souvenir d'une puissance éteinte et la
friche, conséquence directe de l'inertie fataliste
d'un peuple que la polygamie épuise physiquement, tandis que sa religion le condamne à
l'immobilité.

Plus le contraste est puissant entre les deux
éléments, l'un tout de progrès, l'autre tout de
réaction contre n'importe quelle tentative novatrice, mieux on sent l'erreur de ceux qui voudraient mettre des lisières à cette poussée en
avant et opposer des barrières à l'esprit colonisateur.

C'est que, dans l'Oranie, ce n'est pas le Français seul qui est en lutte avec l'Arabe, le mélange y est tel qu'on assiste à un véritable
struggle for life entre Européens et Musulmans
et sur l'issue, qui pourrait avoir un doute ?

Il sera possible peut-être de la retarder artificiellement. Mais la force des choses et des
idées a une autre puissance que les petits obstacles administratifs, par dessus desquels l'incompressible progrès finit par sauter à pieds joints.

On peut donc, et telle sera ma conclusion
dernière, être absolument tranquille sur l'avenir réservé à ce beau pays d'Algérie.

Certes, les crises y peuvent être plus douloureuses, plus laborieuses qu'ailleurs : c'est seulement au prix de souffrances cruelles que l'humanité réussit à progresser.

Mais la victoire inéluctable, fatale, est au bout ; et parmi ceux qui gagneront la grande bataille du progès colonisateur et civilisateur en Afrique, je place au premier rang nos braves colons de l'Oranie : par les belles choses qu'ils ont déjà réalisées, par les prodiges commerciaux et agricoles qu'ils ont déjà accomplis, ils fournissent la mesure de ce dont ils seront capables dans l'avenir, de la part glorieuse qu'ils sauront prendre aux luttes meurtrières, quoique pacifiques, d'où sortira la grandeur définitive de la France africaine.

Alger, 1ᵉʳ mai 1894.

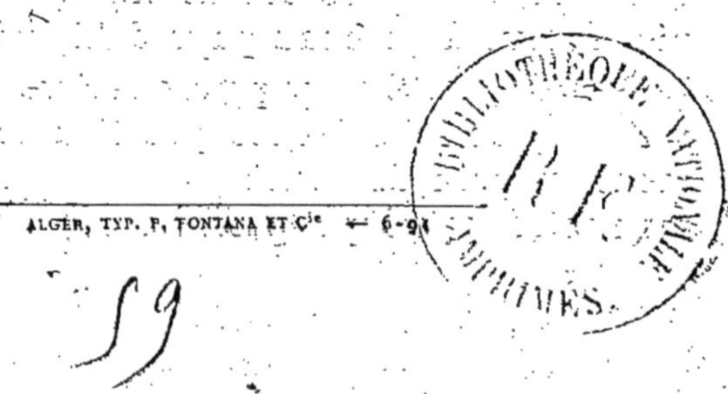

www.ingramcontent.com/pod-product-compliance
Ingram Content Group UK Ltd.
Pitfield, Milton Keynes, MK11 3LW, UK
UKHW020027100726
13658UKWH00003B/1159